Tamim er skomager

Dansk som andetsprog

2. udgave

Forlag: BoD – Books on Demand, Hellerup, Danmark

Tryk: BoD – Books on Demand, Norderstedt, Tyskland

ISBN: 9788743029717

Indhold

1. Fredag morgen

Tamim

Det er fredag morgen.

Klokken er 9.30, og Tamim sidder i bussen.

Han er på vej til arbejde.

Tamim arbejder som skomager i et skomageri i Aarhus.

Han kører tit på scooter til arbejde, men ikke i dag. Det regner og blæser.

Tamim er glad for sit arbejde.

Han sidder i bussen og tænker på dagens arbejdsopgaver.

I dag skal han sy et par sko færdig. Kunden henter dem i eftermiddag.

Det er en spændende opgave. Tamim skal sy skoene i hånden, og det er han dygtig til. Han kan sit håndværk.

Skomagerbutikken

Tamim står af bussen og går hen til Stens Skomageri.

Han går ind i skomagerbutikken.

Først siger han godmorgen til sin chef, Sten, og til sine kollegaer, Karsten og Karen.

Så sætter han skilte ud.

Derefter går han ind på værkstedet, tager forklæde på og går i gang med dagens arbejdsopgaver.

Skilte foran butikken

Tamim på værkstedet

Træning *af dialoger side 44*

Fokus på sprog *med opgaver side 60*

---

2. Arbejdsopgaver

Tamim har mange forskellige arbejdsopgaver.

Han reparerer sko og støvler.

Han syr både på symaskine og i hånden.

Karsten syr på symaskine

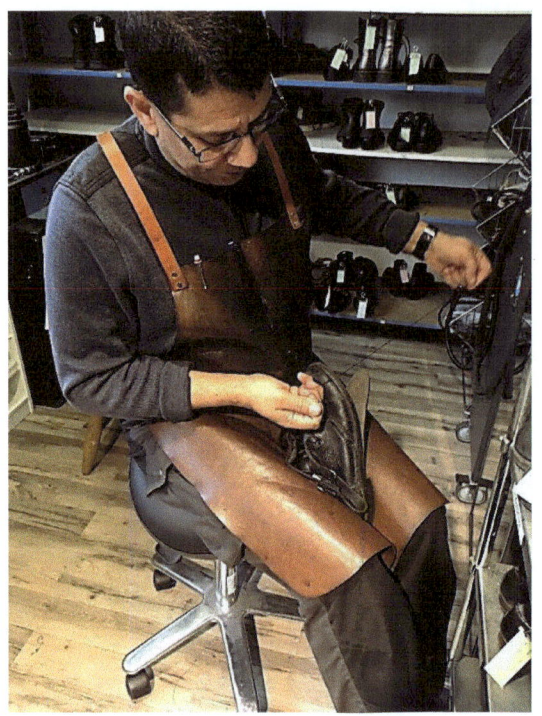

Tamim syr i hånden

Tamim reparerer også tasker og bælter.

Han syr lynlåse i tasker og laver ekstra huller i bælter. Eller han sætter nye spænder i tasker og bælter.

Når Tamim syr i hånden, bruger han en specialnål.

Specialnål

I værkstedet sætter Tamim også nye hæle og såler på fodtøj.

Tamim sætter ny hæl på en sko

Han sliber og pudser, og sko sættes til udblokning.

Tamim sliber såler

Støvler og sko til udblokning

Tamim betjener også kunder i butikken.

Han sælger bl.a. skocremer og snørebånd til kunderne.

Og i nøglebaren laver han nøgler.

Somme tider tager han telefonen.

Tamims arbejdsdag er meget afvekslende.

Sten betjener kunder

Nøglebaren

Fokus på sprog *med opgaver side 63*

3. Arbejdsdagen

Tamim arbejder 5 dage om ugen.

Hver dag møder han klokken 10 og har fri klokken 17.30.

Lørdag og søndag er butikken og værkstedet lukket, så i weekenden holder han fri.

I dag starter Tamim med at sy de sko, der bliver hentet i eftermiddag.

Bagefter syr han ny lynlås i et par støvler.

Så skal et par sko have nye hæle, og tre par sko skal blokkes ud.

Tamim syr sko i hånden

Telefonen ringer mange gange i dag, og de har travlt i butikken.

Da telefonen ringer for 117. gang, siger Sten:

- Tamim har du tid til at tage telefonen?

Tamim lægger en sko fra sig og tager telefonen.

Tamim: - Stens Skomageri. Det er Tamim.

Kunde: - Det er Tina Nielsen. Jeg har et par sko, der klemmer.
Kan I ordne det?

Tamim: - Ja, vi kan sikkert udblokke dem.

Kunde: - Hvor lang tid tager det?

Tamim: - Det gør vi fra dag til dag.

Kunde: - Fint, hvad koster det?

Tamim: - Det koster fra 140 kr.

Kunde: - Okay, jeg kommer forbi med dem i dag.

Tamim: - Det er fint.

Kunde: - Farvel, og tak!

Tamim: - Farvel!

Tamim går ind i værkstedet for at sy skoene færdig.

Træning *af dialoger side 46*

Fokus på sprog *med opgaver side 66*

4. Frokostpause

Klokken 13 holder Tamim frokostpause.

Han holder pause med Karsten.

De sidder og spiser i baglokalet.

De snakker om weekenden.

Karsten: - Hvad skal du lave i weekenden?

Tamim: - Jeg skal hjælpe min søn med at flytte i morgen.

Og så skal vi besøge nogle venner på søndag.

Hvad med dig?

Karsten: - Jeg skal i biografen med en af mine venner, og så skal jeg ellers bare slappe af.

Tamim: - Hvad skal I se?

Karsten: - Vi skal se den nye James Bond.

Tamim: - God fornøjelse.

Karsten: - Tak for det.

De snakker også om Tamims kone, som lige har været syg.

Karsten: - Hvordan går det med din kone?

Tamim: - Tak, det går meget bedre.

Karsten: - Er hun begyndt på arbejde igen?

Tamim: - Ja, hun startede i mandags.

Træning *af dialoger side 48*

Fokus på sprog *med opgaver side 67*

---

5. Tamim betjener kunder

Efter pausen er der travlt i butikken, så Tamim hjælper med at betjene kunder.

En kunde kommer ind i butikken.

Tamim: - Goddag, hvad kan jeg hjælpe med?

Kunde: - Jeg har et par slidte støvler her. Kan de få nye såler?

Tamim: - Ja, det kan vi godt lave. Sålen er meget slidt, så vi kan sætte en ny mellemsål på, en ny rand og til sidst en gummisål lige som den, der er på nu.

Kunde: - Kan det betale sig?

Tamim: - Ja, det synes jeg godt det kan. Det er et par gode støvler. Det vil komme til at koste 400 kr.

Kunde: - Fint, det vil jeg gerne have lavet.

Hvornår er de klar?

Tamim: - De er færdige om ca. en uge. Hvis jeg kan få dit telefonnummer, sender vi en sms til dig, når støvlerne er færdige.

Kunde: - Det lyder godt. Mit telefonnummer er 26 37 45 22.

Tamim: - Det ordner vi. Du hører fra os.

Kunde: - Mange tak, god weekend.

Tamim: - Tak i lige måde.

En ny kunde kommer ind.

Tamim: - Goddag, hvad skulle det være?

Kunde: - Jeg vil gerne have en sort skocreme.

Tamim: - Den finder jeg. Et øjeblik!

...

Tamim: - Værsgo, det bliver 50 kroner.

Kunde: -På beløbet, tak.

Tamim: - Tak, og god weekend.

Kunde: - Tak i lige måde.

Træning *af dialoger side 50*

Fokus på sprog *med opgaver side 68*

6. Kaffepause

Klokken 16 har Tamim tid til en lille kop kaffe i baglokalet.

Han drikker kaffe med Sten.

Sten: - Puh, vi har travlt i dag.
        Hvordan går det i værkstedet?

Tamim: - Det går fint.
        Jeg er færdig med de håndsyede sko.
        Nu mangler jeg bare at sy en taske
        og forsåle et par sko.

Sten: - Har du tid til at hjælpe mig med at
        sætte de her kasser på plads?

Tamim: - Ja, selvfølgelig.

Træning af dialoger side 52

Fokus på sprog med opgaver side 69

---

7. Sidst på dagen

Ti minutter senere er Tamim klar til ugens sidste arbejdsopgaver.

Han skal reparere en taske og forsåle et par sko.

Lige før lukketid kommer kunden, som har fået håndsyet et par sko.

Tamim: - Goddag, hvad kan jeg gøre for dig?

Kunde: - Jeg skal hente et par sko, du har repareret.

Tamim: - Har du en seddel med et nummer?

Kunde: - Ja, værsgo!

Tamim: - Tak, lige et øjeblik.

Tamim henter skoene på reolen.

Reol med de færdige sko

Tamim kommer tilbage med skoene.

Tamim: - Her er dine sko.
Jeg har sat ny sål og rand på, og så har jeg syet en lædersål på.

Kunde: - Det er rigtig flot arbejde. Hvad koster det?

Tamim: - Det bliver 500 kr.

Kunde: - Tager I dankort?

Tamim: - Ja, det gør vi. Terminalen står her.

      - På beløbet?

Kunde: - Ja, tak.

Terminalen

Træning *af dialoger side 54*

8.Fyraften

Klokken 17.30 sætter Tamim skilte ind, rydder op i værkstedet, og så har han fri.

Han siger god weekend til de andre.

Tamim: - Så er alle skilte sat ind. Jeg smutter nu.

Sten: - Super, så må du have en god weekend.

Tamim: - Tak, i lige måde. Hils derhjemme.

Sten: - Tak, i lige måde.

Karsten: - Ja, god weekend, vi ses på mandag.

Tamim skynder sig hen til bussen.

Det har været en god, men travl dag. Der har været mange forskellige arbejds-opgaver. Og han har nået dem alle.

Nu glæder han sig til at holde weekend med sin familie.

Træning af dialoger side 55

9. På vej hjem fra arbejde

På vej hjem i bussen møder Tamin en kammerater fra sprogskolen, Yosef.

Yosef: - Hej, Tamim. Det er længe siden. Hvordan går det?

Tamim: - Hej, Yosef. Det går fint. Kan jeg sidde her?

Yosef: - Ja, tag plads!

Tamim: - Hvordan går det med dig?

Yosef: - Jeg arbejder på et lager i Viby.

-Hvad laver du?

Tamim: - Jeg arbejder som skomager i midt-byen.

Yosef: - Er du glad for det?

Tamim: - Super glad. Det er et godt arbejde med mange spændende arbejdsopgaver.

-Hvad med dig, er du glad for dit job?

Yosef: - Ja, det er ok. Lidt ensformigt, men jeg
har nogle gode kolleger.

Snakken går og pludselig skal Tamim af. De to
har udvekslet telefonnumre og siger nu farvel
og god weekend.

Tamim: - Det var hyggeligt at møde dig.

Yosef: - Ja, det var hyggeligt. Vi tales ved.

Tamim: - God weekend!

Yosef: - God weekend!

Træning *af dialoger side 57*

10. Arbejdspladsen

Stens skomageri er både et skomagerværksted, en nøglebar og et værksted, hvor der indgraveres.

Skomageriet er også en butik, hvor der bl.a. sælges pokaler, plejemidler til læder og indlægssåler.

Foran butikken er der mange skilte.

Ansatte

Sten ejer skomageriet. Han har tre ansatte.

Hans kone, Karen, graverer.

Tamim og Karsten reparerer sko og tasker.

Alle fire betjener kunder i butikken.

Lokaler

Stens skomageri har fem lokaler.

Fra gaden kommer man ind i ét stort lokale med en stor gammel disk.

Her er kassen, hvor kunderne betaler.

Bag ved kassen er nøglebaren.

Den gamle disk

Til venstre for disken sidder Tamin og Karsten og syr.

Tamim syr i hånden, og Karsten syr på symaskinen.

I et lille rum med vinduer ud til det store lokale står de store maskiner. Her arbejder Tamim ofte med at slibe og forsåle.

I det lille værksted hænger udsugningen i loftet over alle maskinerne.

Værkstedet

Tamim sliber såler i det lille værksted

Bag ved det store lokale er et lille baglokale

med vask, køleskab, kaffemaskine og et lille

spisebord. Her holder de fire i skomageriet

kaffepauser og frokostpauser.

Samme lokale bruges også til lager.

Bagerst er et toilet.

Til højre for disken er gravørmaskinen. Her arbejder Karen.

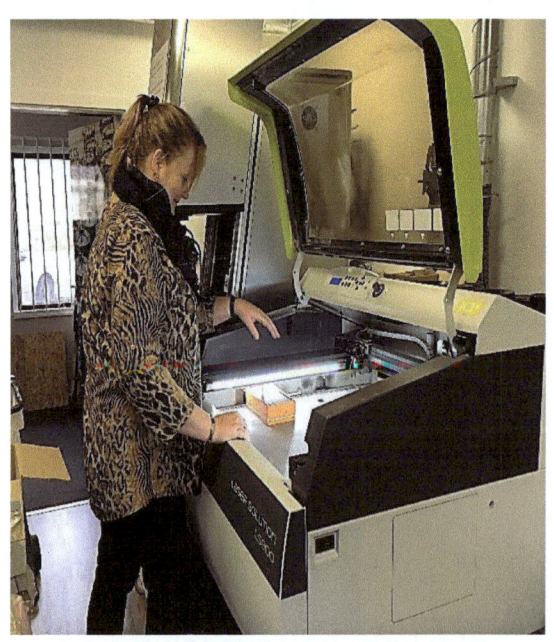

Karen ved gravørmaskinen

Bag ved gravørmaskinen er et lille hyggeligt hvilerum.

Hvilerum

Træning *af dialoger side 59*

Fokus på sprog *med opgaver side 70*

---

11. Interview med Tamim

- *Hvordan fik du jobbet som skomager?*
- Jeg har været i praktik hos Sten to gange.
  Første gang i Cityvest i 2004.
  Så igen i 2014 efter en periode som
  arbejdsløs.
  I 2017 ringede Sten og spurgte, om jeg
  kunne tænke mig at få et job hos ham.
  Det sagde jeg ja til.

- *Hvor længe har du arbejdet som
  skomager?*
- Her i Stens Skomageri har jeg arbejdet i 5
  1/2 år.

- *Hvad lavede du før?*
- Før arbejdede jeg som køkkenhjælp i et
  firma i Galten.
  Derefter var jeg arbejdsløs.

Så fik jeg arbejde i Galten Hallen som vagt og rengøringsassistent.

- *Hvad lavede du før du kom til Danmark?*
- Efter grundskolen tog jeg en uddannelse i elektronik.
  Derefter var jeg politiker.
  Jeg har også taget en uddannelse i civilpolitiet i Afghanistan og arbejdet der i ca. 10 år.

- *Hvordan lærte du skomagerhåndværket?*
- Jeg startede på min fars skofabrik i 7. klasse for at tjene lidt lommepenge. Der lærte jeg at sy sko i hånden.

- *Var det en stor fabrik?*
- Ja, han havde ca. 20 ansatte.

- *Ved du, hvordan det er at være skomager i Afghanistan i dag?*

- Det er svært.
  Før var der mange skomagere i
  Afghanistan.
  Nu er der ikke så mange.
  I Afghanistan har de ikke maskiner, så
  man syr kun i hånden. Og mange
  skomagere må side på gaden og sy.

- *Hvordan bliver man skomager i
  Danmark?*
- Før var der mange skomagere i Danmark,
  men nu er der ikke så mange.
  Uddannelsen til almindelig skomager er
  lukket.
  Man kan kun tage uddannelse til
  bandagist og lære at lave specialsko til
  handicappede.

- *Er du glad for dit arbejde?*
- Ja, det er jeg.

I 12 år arbejdede jeg om natten. Det er jeg rigtig glad for at være fri for nu.
Jeg er meget glad for at kunne komme hjem og være sammen med min familie om aftenen. Det er min kone og børn også.

12. Interview med Sten

- *Hvordan er det gået til, at du nu er ejer af skomageriet her?*
- Det var sådan set et tilfælde. Der var en hæle- og nøglebar i CityVest, som jeg som ung hjalp i en gang imellem og senere blev ansat i.
  Så ville ejeren sælge sin butik, og så tænkte jeg:
    - Enten skal du gå arbejdsløs, eller også køber du den.
  Så købte jeg den.

Jeg var kun 23 år, da jeg startede som selvstændig.

- *Hvor længe har du arbejdet som skomager?*
Siden 1983.

- *Hvad lavede du før?*
- Da var jeg glasskærer ude på Århus Glas og Spejle.
Jeg har også arbejdet på genbrugsfabrikken.

- *Hvad har du af uddannelse?*
- Kun som skomager.

- *Hvordan bliver man skomager i Danmark?*
- Jeg har taget kurser og lavet en svendeprøve.

Nu kan man ikke tage en uddannelse til skomager.

I skomagerlauget arbejder vi på at lave en ny uddannelse som skomager.
Nu må vi se.

- *Er du glad for dit arbejde?*
- Det er jeg. Det er interessant.
  Og så er lønnen bedre end i så mange andre fag.

Træning

Kapitel 1

Dialoger – Øv dialogerne to og to

1.

A: - Godmorgen.

B: - Godmorgen.

Er du på scooter i dag?

A: - Nej, jeg er med bus. Det regner.

2.

A: - Godmorgen. Undskyld, jeg kommer for sent. Bussen var forsinket.

B: - Det er okay.

3.

A: - Godmorgen.

B: - Godmorgen. Sikke et vejr.

A: - Ja, det regner og blæser meget.

B: - Er du blevet våd?

A: - Nej, nej, jeg har en paraply med.

B: - Vil du sætte skiltene ud?

A: - Selvfølgelig. Jeg gør det med det samme.

Kapitel 3

Telefondialoger – Øv dialogerne to og to

Dialog 1

A: - Det er hos skomageren.

B: - Hej, det er Niels. Kan I lave en ekstra nøgle til mig?

A: - Hvad er den til?

B: - Det er til min campingvogn.

A: - Det kan vi sikkert godt.

B: - Hvad koster det?

A: - Det koster 100 kr.

B: - Fint, jeg kommer forbi.

A: - Fint, farvel!

B: - Farvel!

Dialog 2

A: - Stens Skomageri. Det er Karsten.

B: - Det er Jens. Jeg har en taske, der skal syes i siden.
Kan I ordne det?

A: - Ja, det kan vi godt.

B: - Hvor lang tid tager det?

A: - Det tager et par dage.

B: - Fint, hvad koster det?

A: - Det koster fra 150 kr.

B: - Okay, jeg kommer forbi med den i morgen.

A: - Det er fint.

B: - Farvel, og tak!

A: - Farvel!

Kapitel 4

Dialoger – Øv dialogerne to og to

Snak i pausen

Dialog 1

A: - Hvad skal du lave i weekenden?

B: - Jeg skal spille fodbold. Hvad med dig?

A: - Jeg skal på café med en god veninde i

morgen.

B: - Hvor skal I på café?

A: - Åh, jeg tro det bliver Café Mocca. De laver

super god kaffe.

B. – Den må jeg prøve.

Dialog 2

A: - Hvad lavede du i weekenden?

B: - Jeg var i København for at besøge en ven.

A: - Var det hyggeligt?

B: - Ja, det var super hyggeligt. Hvad med dig?

Hvad lavede du i weekenden?

A: - Jeg var hjemme og slappede af.

Kapitel 5

Dialoger – Øv dialogerne to og to

Dialog 1

A: - Hvad kan jeg hjælpe med?

B: - Jeg vil gerne have lavet en kopi af denne

   nøgle?

A: - Fint, lige et øjeblik.

A: - Værsgo. Det bliver 100 kr.

B: - Jeg betaler med kort.

A: - På beløbet?

B: - Ja, tak!

Dialog 2

A: - Goddag, hvad skulle det være?

B: - Jeg vil gerne have en sort skocreme.

A: - Den finder jeg.

A: - Værsgo, det bliver 50 kr.

B: - På beløbet, tak!

Dialog 3

B: - Hvornår er skoene færdige?

A: - Om et par dage. Vi sender en sms.

Hvad er dit telefonnummer?

B: - Det er 27 34 11 37.

Kapitel 6

Dialoger – Øv dialogerne to og to

Dialog 1

A: - Kan du hjælpe mig efter pausen?

B: - Hvad skal jeg hjælpe med?

A: - Vil du hjælpe med at rydde op i butikken?

B: - Det skal jeg nok.

A: - Tak for hjælpen.

B: - Det var så lidt.

Dialog 2

A: - Har du tid til at hjælpe mig i værkstedet?

B: - Ja, selvfølgelig.

A: - Tak for hjælpen.

B: - Velbekomme.

Kapitel 7

Dialoger – Øv dialogerne to og to

Dialog 1

A: - Det bliver 400 kr.

B: - Tager I dankort?

A: - Ja, det gør vi. Terminalen står her.

På beløbet?

B: - Ja tak.

Dialog 2

A: - 200 kr., tak.

B: - Kan jeg betale med MobilePay?

A: - Ja, det kan du. Nummeret står der.

Kapitel 8

Dialoger – Øv dialogerne to og to

God weekend dialoger:

Dialog 1

A: - Ha' en god weekend.

B: - Tak, i lige måde.

Dialog 2

A: - Rigtig god weekend.

B: - Tak i lige måde, vi ses!

Dialog 3

A: - Hvad skal du lave i weekenden?

B: - Jeg skal bare slappe af. Hvad med dig?

A: - Jeg skal besøge en veninde i København.

B: - God fornøjelse.

A: - Tak, og god weekend til dig.

Kapitel 9

Dialoger – Øv dialogerne to og to

Dialog 1

A: - Kan jeg sidde her?

B: - Selvfølgelig!

Dialog 2

A: - Er der plads her?

B. – Ja, tag plads!

Dialog 3

A: - Hej!

B: - Hej! Hvordan går det?

A: - Fint, hvad med dig?

B: - Det går fint.

A: - Hvad laver du nu?

B: - Jeg arbejder på et lager.

A: - Ok, hvad laver du der?

B: - Jeg kører med truck, sætter på hylder og tæller varer.

Dialog 4

A: - Det var hyggeligt at møde dig.

B: - Ja, det var hyggeligt. Vi tales ved.

A: - God weekend!

B: - God weekend!

Kapitel 10

Dialog – Øv dialogen to og to

A: - Hvad laver du?

B: - Jeg gør rent.

A: - Hvor arbejder du?

B: - Jeg gør rent i en butik i Skanderborg.

A: - Er det en stor butik?

B: - Nej det er en lille butik. Der er kun to

lokaler og et toilet.

A: - Hvordan ser butikken ud?

B: - I butikken er en disk. Over den hænger

en stor lampe.

Bag ved disken er en reol.

Fra butikken kan man gå ud i et lager.

Fokus på sproget - Opgaver

Kapitel 1

Syntaks

V2-princippet: verbal på nummer to plads

Fx:

Tamim sidder i bussen. Han er på vej til arbejde.

Fredag morgen sidder Tamim i bussen.

Opgave:

Lav sætninger med subjektet først i sætningen.

Lav derefter sætninger med tidsudtryk først.

Forløb   Først…, så…, derefter…

Først siger Tamim godmorgen.

Så sætter han skilte ud.

Derefter går han ind på værkstedet.

Opgave:

Fortæl, hvad du laver om morgenen/om aftenen/når du møder på arbejde.

Først…

Så…

Derefter…

Fremtid

Modalverberne *skal* og *vil* + infinitiv eller præsens.

Fx: I dag skal han sy et par sko færdig. Kunden henter dem i eftermiddag.

Opgave:

Fortæl, hvad du skal lave i morgen.

Kapitel 2

Verber i præsens bruges også til at beskrive noget generelt.

Noget du plejer at gøre.

Fx: Tamim har mange forskellige arbejdsopgaver.

Han reparerer fodtøj, han syr sko, han betjener kunder, han tager telefonen...

Opgave

Fortæl om dine arbejdsopgaver på jobbet, i skolen eller hjemme.

Ordforråd

Verber er ord, der fortæller om en aktivitet eller en tilstand.

Fx: Tamim syr sko. Han har mange arbejdsopgaver.

Infinitiv	Præsens	Præteritum	Perfektum
sy	syr	syede	syet

Opgave:

Find alle **verber** i kapitel 2.
Skriv dem i infinitiv, præsens, præteritum og perfektum. Tjek i en ordbog!

Opgave:

Skriv sætninger med nogle af verberne i både præsens og præteritum.

Ordforråd

Substantiver bruges om levende væsner, ting og begreber.

Fx: Han reparerer sko og støvler.

Substantiver bøjes singularis og pluralis og i indefinit og definit.

Singularis Indefinit	Singularis definit	Pluralis indefinit	Pluralis definit
En støvle	støvlen	støvler	støvlerne

Opgave:

Find de **substantiver** i kapitel 2, du gerne vil huske.

Skriv dem i singularis og pluralis – definit og indefinit. Tjek i en ordbog!

Opgave:

Skriv sætninger med substantiverne.

Kapitel 3

Tidsudtryk

I dag, i morgen, i morges, i går, i aften, i aftes...

I mandags, på mandag, hver mandag

I weekenden

Hver dag

Om dagen, ugen, måneden, året

Opgave:

Find alle tidsudtryk i kapitel 3, og dan nye sætninger.

Husk V2-princippet!

Kapitel 4

Fremtid: Hvad skal du lave i weekenden?

Fortid: Hvad lavede du i weekenden?

Opgave:

Snak sammen om, hvad I lavede i weekenden.

Snak sammen om, hvad I skal lave i weekenden.

Kapitel 5

Adjektiver:

Et adjektiv beskriver et substantiv eller et pronomen.

Det har tre former: grundform, t-form og e-form.

Fx:

Jeg har en gammel taske her. Kan den få en ny lås?

Jeg har et gammelt skilt her. Kan jeg få et nyt?

Jeg har et par gamle støvler her. Kan de få nye såler?

Opgave:

Beskriv din arbejdsplads eller din bolig med adjektiver.

Kapitel 6

At bede om hjælp

På dansk kan man være høflig ved at bruge modalverber sammen med hovedverbet. Og ved at stille spørgsmål.

Vil du hjælpe mig?/Kan du hjælpe mig?

Ofte bruger vi også adverbier: *Vil du ikke lige hjælpe mig? Kan du lige hjælpe mig?*

Verber i infinitiv

Infinitiv med **at**: *Har du tid til at hjælpe mig?*

Infinitiv med et **modalverbum**: Vil du hjælpe mig?

Opgave:

Bed hinanden om at gøre noget.

Fx at gøre rent, at lukke vinduet, lave kaffe, låne en blyant, give sukkeret...

Kapitel 10

Opgave:

Find præpositioner i kapitel 10.

Opgave:

Beskriv dit arbejdsværelse eller din stue ved brug af præpositionerne ovenover.

Til læreren

Tamim er skomager henvender sig til tosprogede unge og voksne, der lærer dansk.

Hensigten med bogen er at give et indtryk af en lille dansk arbejdsplads - de arbejdsopgaver, der her kan være, arbejdsmiljøet og relationerne mellem dem, der arbejder i værkstedet.

Bogen kan dels bruges som frilæsningsbog dels som undervisningsmateriale, men gør det på ingen måde ud for en lærebog. Den er tænkt som et supplement til den daglige undervisning, hvor kursisterne og læreren kan læse teksten og efter behov plukke i opgaver og øvelser.

Der lægges i bogen op til, at der arbejdes med de hverdagsdialoger, der ofte hører arbejdslivet til, samt at man tager fat i nogle af de sproglige aspekter, der er i teksten.

Bag i bogen er der til de fleste kapitler dels dialogøvelser og dels faktabokse med fokus på sproget med tilhørende opgaver.